PIERRE LAROUSSE

1817-1875.

×

L'AUTEUR DU GRAND DICTIONNAIRE UNIVERSEL DU XIXme SIÈCLE

1864-1875.

×

A--Z.

×

Notices sur l'Auteur et sur ses Ouvrages,

extraites de divers Journaux,

ACCOMPAGNÉES DE NOTES BIBLIOGRAPHIQUES
ET CRITIQUES.

VEVEY

IMPRIMERIE, DU JOURNAL DE VEVEY, RUE DU SIMPLON, 4.

Février 1875.

Tiré à deux cents exemplaires

PIERRE LAROUSSE

1817—1875.

L'AUTEUR DU GRAND DICTIONNAIRE UNIVERSEL DU DIX-NEUVIÈME SIÈCLE

1864--1875.

A—Z.

Notices sur l'Auteur et ses Ouvrages,

extraites de divers Journaux. (1)

ACCOMPAGNÉES DE NOTES BIBLIOGRAPHIQUES ET CRITIQUES.

EPIGRAPHES:

Jamais la linguistique française n'a reçu des développements présentés avec plus d'art, plus de clarté, plus d'ordre, et en même temps avec une plus riche profusion.

Le Temps du 4 mars 1864.

Ce colossal monument, qui n'a d'égal ni dans les Encyclopédies allemandes, ni dans les Encyclopédies anglaises, fait le plus grand honneur à la France littéraire, philosophique et scientifique, et l'on ne peut que féliciter le courageux bénédictin qui l'a entrepris.

Le Siècle du 24 juillet 1865.

OEuvre gigantesque.

Louis Jourdan ; Le Siècle du 16 janvier 1866.

(1) Recueillies et communiquées, au *Journal de Vevey,* en février 1875, par M. S. P.

Ce livre, rédigé dans un esprit tout-à-fait libéral, est à lui seul une Bibliothèque.

Jules Claretie; *l'Avenir national* du 17 janvier 1866.

OEuvre de bénédictin; gigantesque monument édifié à la gloire des sciences, des lettres et des arts. Quand M. Pierre Larousse lança le programme de cette immense publication, des doutes s'élevèrent de toutes parts sur la possibilité de remplir un plan tracé dans d'aussi vastes proportions. Le courageux auteur répond à ces craintes comme ce philosophe devant qui on niait le mouvement : « Il marche. »

La France, du 8 février 1866.

C'est assurément le livre le plus prodigieux qu'on ait entrepris au dix-neuvième siècle. Partout circule dans cette Encyclopédie phénoménale une inspiration toute moderne et vraiment indépendante.

S. N. — *L'Indépendance belge*, de Bruxelles, du 18 mars 1866.

Ainsi marche à pas de géant, on peut le dire, cette Encyclopédie qui fait l'admiration du monde littéraire et savant.

L'Indépendance belge, de Bruxelles, du 2-3 novembre 1868.

Cette œuvre gigantesque, dont il était, au début, permis de douter qu'on vît jamais la complète réalisation, marche rapidement aujourd'hui vers son achèvement. Livre unique au point de vue intellectuel aussi bien qu'au point de vue typographique. Jamais

Encyclopédie plus complète n'a été, et l'on peut ajouter, sans crainte de se tromper, ne sera publiée. Nous avons dit maintes fois tout ce que renferme cet immense ouvrage : c'est la condensation de tous les faits, de toutes les sciences, de toutes les découvertes, de toutes les connaissances humaines, de toutes les histoires, de toutes les biographies.

Qu'on ait tenté une pareille entreprise, c'était bien de l'audace ; qu'on l'aît menée à bonne fin — et elle y arrive — cela tient presque du *miracle.*

L'Indépendance belge, de Bruxelles, du 12 janvier 1874.

Création capitale ; la plus grande entreprise de littérature et de librairie de ce siècle, et probablement la publication la plus étendue, la plus monumentale qu'on aît jamais tentée.

La République française, du 5 janvier 1875.

L'esprit infatigable de M. Larousse ne recula pas devant les difficultés de toute nature d'une audacieuse conception. Ce monument, cette colossale entreprise, dont il ne reste que trois volumes à publier, cette publication qui surpasse en étendue toutes celles que la bibliographie a enregistrées jusqu'à ce jour, M. Larousse n'a pas eu la satisfaction de la voir terminer ; il ne lui a pas été donné de se retourner un jour en arrière et de se dire, lui aussi : EXEGI MONUMENTUM.

C. N., dans la Bibliographie de la France, Chronique
du 16 janvier 1875.

Premier Article.

1. — « M. Pierre Larousse, lexicographe, auteur d'un grand nombre de livres d'éducation (dit la *République française*, de mardi, 5 janvier 1875, p. 5), célèbre surtout par la publication du *Grand Dictionnaire universel du dix-neuvième siècle*, est mort à Paris dimanche 3 janvier 1875. Il était né à Toucy, département de l'Yonne, en 1817, d'une famille d'artisans. Doué d'une grande énergie intellectuelle et d'une activité sans bornes, il fut, dans le sens le plus rigoureux du mot, l'enfant de ses œuvres et s'éleva par un travail obstiné à l'éducation, puis à la fortune.

« Chef d'une petite institution de province, puis professeur dans une grande maison d'éducation de Paris, il fonda, en 1851, une librairie d'éducation consacrée surtout à la publication de ses œuvres, et qui devint un des grands établissements de livres classiques et de traités pour l'enseignement.

« Seul ou en collaboration, il a doté l'instruction publique d'un nombre considérable d'ouvrages conçus d'après sa méthode et qui ont eu un succès éclatant.

» M. Pierre Larousse employa alors une fortune laborieusement acquise à l'édification de sa création capitale, le *Dictionnaire* qui porte son nom, LA PLUS GRANDE ENTREPRISE DE LITTÉRATURE ET DE LIBRAIRIE DE CE SIÈCLE, et probablement la publication LA PLUS ÉTENDUE, LA PLUS MONUMENTALE qu'on ait JAMAIS tentée. Il y consacra hardiment des millions, et, pendant vingt ans, il s'enferma dans son œuvre, avec une passion extraordinaire, avec l'idée fixe, exclusive, de refaire, sur des proportions beaucoup plus vastes, l'*Encyclopédie* du dix-huitième siècle. Pour l'accomplissement de cette œuvre il sut grouper autour de lui une infinité de collaborateurs de toutes les spécialités, et dont la plupart ont un nom dans les sciences, dans la politique et la littérature.

» En outre, il eut le bon sens remarquable de donner ou de laisser prendre à sa publication, commencée en plein Empire (2), et qui touche actuellement (3) à sa fin, un caractère accentué de démocratie républicaine et de philosophie anti-cléricale (4).

» Depuis trois ans environ, M. Larousse, par suite d'excès de travail et d'une vie trop sédentaire, avait été frappé d'une paralysie qui gagna progressivement le cerveau et qui depuis longtemps ne laissait plus d'espoir. »

2. — L'*Indépendance belge*, de Bruxelles, du 6 janvier 1875, p. 1, n'a cité que quelques courtes lignes de cette Notice.

(2) En février 1864.
(3) 1875.
(4) En reproduisant cette Notice dans son numéro de mercredi 6 janvier 1875, p. 2, la *Petite Presse*, de Paris, a modifié les termes de cet alinéa en les remplaçant par cette phrase banale, vague, mal définie: « un caractère véritablement *libéral* et démocratique. » Le mot: *libéral*, répété à satiété, est désormais usé et sans portée. Qui ne se prétend être *libéral* ? et à qui réussit-il de l'être, quand l'occasion s'en présente ? Cette qualification date de l'époque de la défunte Restauration (1814 à 1830), où l'on disait: « le Libéral et l'Ultra. »

Voici les jugéments portés, sur cet ouvrage monumental, par différents journaux, dès le début de sa publication en février 1864, et des années suivantes :

3. — *Le Temps* du 4 mars 1864, p. 3, col. 1 :

M. Larousse aurait dû prendre pour épigraphe de son *Grand Dictionnaire universel du XIXe siècle* ces paroles de l'Evangile : *quærite et invenietis*. On y trouve bien réellement tout ce qui peut piquer l'intérêt et satisfaire la curiosité, à quelque point de vue qu'on se place. La manière dont la partie lexicographique est traitée dans cet immense pandemonium (??), est le moindre de ses mérites (5) bien que jamais la linguistique française n'ait reçu des développements présentés avec plus d'art, plus de clarté, plus d'ordre, et en même temps avec une plus riche profusion. Nous ne dirons rien non plus de l'histoire universelle, de la biographie générale, même contemporaine, de la mythologie, de la géographie, dont tous les personnages, tous les héros, les faits, les événements, les villes, les pays, se succèdent par ordre alphabétique aux regards du lecteur ébloui, comme les divers corps d'une armée innombrable défilent indéfiniment, mais sans confusion, aux yeux d'une multitude empressée ; nous passerons également sous silence la large place accordée aux détails encyclopédiques et scientifiques de toute nature. Mais quoi ! direz vous, c'est donc une succursale de la Bibliothèque impériale, que le Dictionnaire de M. Larousse ? — Vraiment, peu

---

(5) Il nous semble qu'en faisant l'éloge, et un éloge si mérité de ce grand et incomparable ouvrage, on n'aurait pas dû, pour être logique, se servir, à cette occasion, du terme de : *Pandemonium*, qui est bien loin d'être une qualification élogieuse.

s'en faut ; nous irons même plus loin, c'est que parmi les *richesses immenses* qui y sont accumulées, il en est qu'on serait fort embarrassé de trouver dans quelque Bibliothèque que ce soit ; jugez-en plutôt : combien de fois n'avez-vous pas désiré savoir quelle matière traitait tel livre, théologie ou histoire, littérature ou philosophie, science ou beaux arts, médecine ou économie politique ? avoir une notion exacte d'un tableau célèbre, d'une statue fameuse, d'un monument historique, d'une œuvre musicale populaire ?

» Combien de fois le principal personnage ou même un simple personnage d'épopée, de roman, de tragédie, de comédie, d'opéra, etc., ne vous a-t-il pas intrigué, faute de connaître son caractère et le rôle qu'il joue dans l'action dramatique dont il est un des ressorts ? Combien de fois une allusion historique ou littéraire, mythologique ou anecdotique, ne vous a-t-elle pas empêché de saisir le sens d'une phrase ou d'un passage ? — Eh bien ! me direz-vous encore. — Eh bien ! vous répondrai-je, ami lecteur ; ouvrez le *Grand Dictionnaire universel du XIXe siècle*, QUÆRITE ET INVENIETIS. »

4. — *Le Siècle* du 24 juillet 1865, p. 3 : « Le 20me fascicule (du tome I) du *Grand Dictionnaire* de M. Larousse est à peu près rempli par trois mots seulement : *assemblée, assistance, association*, et chaque fascicule de ce COLOSSAL MONUMENT renferme près de 20,000 lignes, c'est-à-dire l'équivalent de huit fois un journal quotidien. Ces trois mots, on peut le dire, sont traités d'une manière magistrale. Au mot *Assemblée* on trouve, entre autres renseignements, la liste complète des 1200 membres de l'Assemblée nationale de 1789, et celle des 750 membres de la

législature de 1791. C'est une mine inépuisable pour tous ceux qui, dans certaines circonstances de la vie, ont besoin de s'éclairer et de se renseigner, c'est-à-dire pour tout le monde. Quant au mot *Association*, il est de nature à donner profondément à réfléchir aux économistes présents et futurs.

» Le *Grand Dictionnaire*, qui n'a D'ÉGAL, ni dans *les Encyclopédies allemandes*, ni dans les *Encyclopédies anglaises*, fait le plus grand honneur à la France littéraire, philosophique et scientifique, et l'on ne peut que féliciter le courageux bénédictin qui l'a entrepris. M. Pierre Larousse ajoute à son œuvre au fur et à mesure qu'elle avance ; il paraît avoir pris pour devise cet hémistiche du poëte latin : *Vires acquerit eundo.* »

5. — *Le Siècle* du 16 janvier 1866, page 5, notice signée : *Louis Jourdan :* « M. P. Larousse, le vaillant auteur-éditeur vient de terminer une partie essentielle de l'ŒUVRE GIGANTESQUE qu'il a entreprise. La lettre A ne remplit pas moins à elle seule, de 1200 pages, et forme un volume, précédé d'une Préface qui est un exposé de principes. Nous sommes en train de lire ce volume, page à page, mot à mot, et la plume à la main. Quand notre opinion sera formée, nous nous ferons un devoir de l'exprimer ici en toute franchise. »

6. — *L'Avenir national*, du 17 janvier 1866, p. 2, article signé : *Jules Claretie :*

« M. P. Larousse vient d'achever la publication du premier volume de son *Grand Dictionnaire*, et il le fait précéder d'une importante Préface qui mériterait d'être étudiée longuement. M. Larousse s'occupe surtout à démontrer que son Encyclopédie est supérieure aux travaux de ses dévanciers et de *ses concurrents*, y compris le merveilleux monument qu'élève patiemment le seul M. Littré. M. Larousse parle et parle bien pour *son orfévrerie* (6); la vérité d'ailleurs est, que son livre, rédigé dans un esprit tout-à-fait libéral, est à lui seul une bibliothèque. »

7. — Neuf ans plus tard (en janvier 1875), M. Jules Claretie rendit plus de justice à l'Encyclopédie de M. Larousse.

Voici ce qu'il dit dans son feuilleton, sous le titre : *Le Mouvement parisien*, 8 janvier, publié dans l'*Indépendance belge*, de Bruxelles, n° 10, de dimanche, 10 janvier 1875, édition du matin, p. 2 :

« Pierre Larousse eut l'idée de ce *Dictionnaire* maintenant *populaire*, *véritable Encyclopédie*, de ce temps troublé, où *tout se retrouve* et *s'amalgame*, les notions du passé et les curiosités même de « l'actualité. » M. Larousse, en mourant, laisse son œuvre à la lettre P. Mais des littérateurs militants, à la tête desquels est M. Alfred Deberle, continueront et compléteront cette œuvre *véritablement immense*. »

(6) Il est évident qu'on a donc tort de parler ici, fort mal-à-propos, *d'orfévrerie* et de *concurrence*, car il n'y en a point dans cet Ouvrage de M. Larousse, ni dans aucun de ses autres ouvrages, si nombreux, rédigés tous consciencieusement et avec un zèle inépuisable pour le bien de la Science et pour l'instruction de ses lecteurs.

Deuxième article.

8. — Dans le *Siècle*, du 4 février 1866, notice signée Edmond Texier :

« Passons à un sujet (7) plus léger (? ?) et disons quelques mots du *Grand Dictionnaire du XIXe siècle*, publié par M. Pierre Larousse. La lettre A, entièrement achevée, ne contient pas moins de 28 Fascicules, qui représentent chacun deux volumes in 8e ordinaires. En admettant que les lettres qui vont suivre soient un peu moins exigeantes que la première, l'œuvre entière représentera au moins la matière de quatre à cinq cents volumes. C'est beaucoup.

» M. Pierre Larousse a entrepris l'édification d'un monument hors de proportions avec les rayons des bibliothèques modernes (8). Ce Grand Dictionnaire *sera difficile* (?) à *loger* (9). Il n'avait pas été prévu par MM. les propriétaires. L'auteur a voulu *entasser* (?) dans son

---

(7) Est-ce un « sujet *léger* » que celui d'une Encyclopédie tout entière comme celle qui est contenue dans le *Grand Dictionnaire universel* de M. Larousse ?

(8) Il a bien fait ; il a eu la capacité et le talent de réussir. Gloire à lui !

(9) N'a-t-on donc pas vu des Ouvrages *infiniment* plus volumineux que celui de M. Larousse, *logés* sans la moindre *difficulté* dans les Librairies et dans les armoires des acheteurs, sans que « MM. les *propriétaires* » en eussent éprouvé de l'embarras ou la moindre gêne ? — Cette raillerie n'est-elle pas hors de propos à l'occasion d'un Ouvrage très peu volumineux en proportion de son contenu et digne de toute l'estime des contemporains et de la postérité.

livre toutes les sciences et tous les arts. Il a été tenté par la chimère (10) encyclopédique. Je ne lui en fais pas un crime, et je suis même convaincu que son œuvre sera utile ; mais il fera peut-être bien, chemin faisant, de ne pas céder si facilement au désir de vouloir tout dire, tout reproduire, tout enregistrer. A quoi bon consacrer une, quelquefois *deux colonnes* (?) au compte-rendu d'un vaudeville oublié depuis trente ans? Pourquoi citer deux exemples là où la citation d'un seul suffirait? (11) La partie anecdotique tient également trop de place. Le défaut capital de ce Dictionnaire est la prolixité. Que M. Pierre Larousse soit plus sobre dans l'immense travail qu'il lui reste à faire, et son œuvre y gagnera. »

Serait-ce donc là cette notice ou cette analyse approfondie et raisonnée que le *Siècle* faisait espérer dans son numéro du 16 janvier 1866? *(Voy.* ci-dessus, article 5.)

Où donc sont-elles, dans le *Grand Dictionnaire universel* de M. Larousse ces « deux colonnes » (trouvées par le *Siècle)* consacrées au compte-rendu « d'un vaudeville oublié depuis trente ans? »

Ce vaudeville aura, probablement, été la cause ou le prétexte de quelque incident qui méritait d'être noté, ou de quelque vive rumeur, qui aura agité, troublé et alarmé le public parisien, et dans ce cas M. Larousse n'aura t-il pas eu raison de signaler ce vaudeville avec quelques détails?

---

(10) Il a *réalisé* sa *chimère.*

(11) Ces citations multipliées, tirées d'un grand nombre d'Auteurs célèbres, choisies par M. Larousse avec discernement et avec goût, ont un intérêt et un charme inexprimables !

Quant à la frayeur qu'éprouve *le Siècle* de l'éventualité pour « MM. les propriétaires » d'avoir de la *difficulté* à *loger* sur « *les rayons des bibliothèques modernes* » un Ouvrage de 15 volumes in-4°, — fût-ce même de 20 volumes, ne faudrait-il pas abandonner la solution d'un problème aussi « *difficile* » à la perspicacité du journal burlesque, qui s'appelle le *Figaro*?

9.—Dans *la France* (journal publié à Paris) du 8 février 1866, p. 3 :

« C'est avec une véritable satisfaction que nous annonçons à nos lecteurs l'apparition du premier volume de cette œuvre de bénédictin qui s'appelle le *Grand Dictionnaire universel du XIXe siècle*. Ainsi, voilà élevé le premier étage de ce GIGANTESQUE MONUMENT édifié à la gloire des sciences, des lettres et des arts. Quand M. Pierre Larousse lança le programme de cette IMMENSE publication, des doutes s'élevèrent de toutes parts sur la possibilité de remplir un plan tracé dans d'aussi *vastes proportions*. Le courageux auteur répond à ces craintes comme ce philosophe devant qui on niait le mouvement : « Il marche ».

10.— Cette notice a été reproduite dans *l'Europe, journal français de Francfort*, n° 82, du 24 mars 1866, p. 3.

11.—Dans *l'Indépendance belge*, de Bruxelles, n° 77, du 18 mars 1866, *Supplément*, p. 1 ; notice signée S. N. :

« C'est assurément le livre le plus PRODIGIEUX qu'on ait entrepris au dix neuvième siècle. Nous avons déjà la lettre A, qui ne remplit pas moins que 4 à 5000 colonnes à 125 lignes en petit texte ! et les livraisons se suivent régulièrement, avec une exactitude qui nous conduira jusqu'à Z.

« Le premier volume est précédé d'une Préface très savante et très curieuse, sorte de bibliographie encyclopédique des Encyclopédies, de dictionnaire bibliographique des Dictionnaires, où M. P. Larousse analyse et critique toutes les publications analogues à la sienne, depuis l'antiquité jusqu'à nos jours. Après avoir établi ce « bilan des richesses amassées par ses devanciers » M. Larousse expose le plan de son propre ouvrage : « A notre époque, dit-il, tout le monde veut
» apprendre, connaître, savoir, juger, se rendre compte :
» on n'accepte plus les opinions toutes faites, qui se
» transmettaient autrefois, comme un héritage, d'une
» génération ou d'une classe d'individus à l'autre ; les
» préjugés ont cédé la place au raisonnement et à la
» critique, et, en toute chose, chacun veut exercer son
» propre contrôle, guidé par l'étude directe des faits et
» des doctrines. Les temps de foi aveugle sont passés sans
» retour. Mais comment se diriger dans cet effroyable
» dédale de toutes les connaissances humaines ?... Un
» *Dictionnaire universel*, qui renfermerait tout ce qui a
» été dit, fait, écrit, imaginé, découvert, inventé,
» mettrait, pour ainsi dire, sous la main de tout le
» monde, l'objet précis de toutes les recherches qu'on
» peut avoir besoin de faire. »

» La première chose que l'on doit exiger d'un Dictionnaire qui a la prétention d'être *universel*, c'est que ce Dictionnaire donne une définition exacte et raisonnée de tous les mots qui ont cours dans le langage. Ce travail, qui fait en France l'objet de plusieurs ouvrages spéciaux, mais dont se sont abstenus la plupart des faiseurs d'Encyclopédies, a été exécuté par M. Larousse d'une façon aussi complète que possible. L'auteur du *Grand Dictionnaire* ne s'est pas borné à enregistrer les mots consacrés par cette langue classique que nos académiciens font commencer à Malherbe et à Pascal, et finir à Voltaire et à M. de Buffon ; il a pensé qu'il y aurait folie à ne pas tenir compte des milliers d'expressions créées pour traduire les idées nouvelles qui surgissent chaque jour dans le domaine de la science et de l'art, il s'est dit que George Sand et Balzac, Victor Hugo et Lamartine, Proudhon et Arago étaient des autorités littéraires qu'on pouvait citer sans scrupule à côté des écrivains du dix-septième et du dix huitième siècle; il n'a pas même reculé devant les termes de bourse, de chemins de fer, de sport, devant les mots anglais, italiens, allemands, importés chez nous avec les usages et les objets qu'ils désignent. — Toute cette partie lexicographique est des plus intéressantes. Des citations habilement choisies, et qui sont presque toujours d'heureuses pensées, justifient la définition des mots. L'étymologie nous a paru traitée d'une manière remarquable, suivant la méthode scientifique qui a prévalu depuis quelques années en Allemagne et en Angleterre.

» Une partie entièrement neuve dans l'ouvrage de M. Larousse, c'est l'explication des allusions que l'on voit sans cesse revenir dans la conversation ou dans les livres et qui ont rapport soit à un fait historique, soit à un trait de la mythologie, soit encore à tel ou tel passage d'un écrivain célèbre. Ainsi quand on dit : Devines si tu peux, et choisis si tu l'oses; — Comment peut-on être Persan? — Voilà pourquoi votre fille est muette.— Nous dansons sur un volcan. — Ah! le bon billet qu'a

La Châtre. — Le festin de Trimalcion ; l'abbaye de Thélème ; le tonneau des Danaïdes ; la boîte de Pandore. — Ab uno disce omnes. — Arcades ambo. — Mens agitat molem. — Eurêka ! — To be or not to be. — Anch'io son pittore !, etc. ; ce sont là autant d'allusions dont tout le monde ne possède pas la clef. Il en est de même d'une multitude de citations d'auteurs anciens, français ou étrangers, qui se reproduisent à tout instant, qui sont dans toutes les bouches et dont on ignore bien souvent la source. Le *Grand Dictionnaire* fait connaître l'origine de ces allusions, rapporte les passages auxquels les citations sont empruntées, et cite lui-même les écrivains français qui ont employé les unes et les autres. C'est là un travail fort instructif et qui pourra rendre de véritables services aux gens qui ont la manie de l'érudition.

» Une autre curiosité de ce Dictionnaire, c'est la monographie, j'allais dire la biographie des héros de théâtre, d'épopées, de romans, dont le nom est devenu un qualificatif : tels sont, par exemple, Amadie, Céladon, Lovelace, Armède, Gargantua, Vautrin, Figaro, Falstaff, Basile, Géronte, Harpagon. A côté de ces types empruntés à la littérature viennent se placer les caricatures sociales ou politiques comme Mayeux, Jérôme Paturot, Bilboquet, Chauvin, M. Prudhomme, etc.

» Indépendamment de ces nouveautés qui suffiraient à faire le succès d'une publication, le Dictionnaire de M. Larousse offre une partie non moins originale, non moins attrayante, et bien autrement considérable, — l'analyse de tous les livres anciens et modernes, français et étrangers, qui ont eu quelque retentissement. Cet immense répertoire bibliographique pourrait former à lui seul LA PLUS CURIEUSE DES ENCYCLOPÉDIES ; mais, pour le rendre vraiment utile et ne pas trop surcharger le *Dictionnaire universel*, l'auteur fera bien de s'en tenir à l'analyse des œuvres capitales, de celles qui marquent dans la littérature des différentes nations. Sa tâche, ainsi limitée, sera encore gigantesque.

» On est véritablement effrayé à l'idée que chacun de ces ouvrages est passé en revue, analysé, étudié et commenté à son ordre alphabétique ! Et tout cela pourtant ne constitue qu'une portion de la publication de M. Pierre Larousse, car nous n'avons parlé jusqu'ici d'aucune des parties qui forment la matière ordinaire des Encyclopédies, — histoire, biographie, géographie, mythologie, archéologie, sciences, mathématiques, physiques naturelles, sciences appliquées, sciences morales et politiques, etc. Toutes ces branches si diverses des connaissances humaines ont reçu dans le *Grand Dictionnaire* des développements proportionnés au reste de la publication. Les hommes compétents jugeront si elles ont été exposées avec plus ou moins de savoir. L'auteur affirme dans sa Préface qu'il s'est préoccupé avant tout d'indiquer le degré de perfection auquel les sciences sont arrivées, qu'il a tenu compte par conséquent de toutes les découvertes, de tous les progrès réalisés de notre temps.

» Pour ce qui est de la morale et de la politique, on ne peut mieux faire que d'extraire de cette même Préface le passage suivant qui peut être regardé comme la profession de foi du *Grand Dictionnaire :* « Nous ne » sommes pas, nous n'entendons pas être une école, une » secte, un parti, une autorité ; nous ne dogmatisons » pas, nous n'excommunions pas. Nous repoussons cet

» exclusivisme étroit qui s'enferme dans un système,
» s'y cantonne, s'y déclare *satisfait*, et ferme l'oreille
» à toutes les voix du dehors. Nous repoussons
» ces condamnations tranchantes, fondées sur les
» conséquences dangereuses qu'on prête à telles ou
» telles idées, et arrêtent le mouvement et le progrès
» de la science. Nous sommes ennemi du préjugé, de
» l'opinion préconçue, de la foi passive, du discipulat.
» Aucun paradoxe ne saurait nous émouvoir ; *nous*
» *croyons plus funestes les lâchetés que les audaces de l'esprit.*
» Aucune doctrine, si surannée qu'elle soit, ne nous
» trouve disposé à l'écarter comme indigne de notre
» attention : nous professons que pour avoir raison des
» fantômes, le meilleur moyen est de les regarder en
» face. Du reste, en toute erreur, ancienne ou nouvelle,
» nous respectons, nous voulons respecter un effort
» sincère de l'esprit humain vers le vrai ; le doute
» provisoire appliqué à toute matière nous apparaît
» comme une sorte de purification mentale nécessaire
» à qui veut penser et croire par lui-même et pour
» lui-même, et nous avons la plus entière confiance
» dans l'efficacité de l'examen sans cesse provoqué
» et prêt à réviser les résultats d'un premier travail.
» Pénétrer dans chaque doctrine et faire ressortir l'idée
» qui en forme le centre et pour ainsi dire le noyau solide,
» tel est le but principal que nous nous proposons. Si
» nos opinions personnelles se laissent voir plutôt qu'elles
» ne s'accusent, si généralement nous ne formulons
» des conclusions qu'avec réserve et sobriété, c'est que
» nous voulons amener le lecteur non à accepter un
» jugement tout fait, mais à prononcer lui-même en
» connaissance de cause. »

» Exposer plutôt que discuter, telle est en effet la méthode suivie par le *Grand Dictionnaire* dans l'étude des sciences morales et politiques, méthode excellente pour une Encyclopédie, et que l'on est bien aise de retrouver dans les autres divisions de l'ouvrage. Nous devons ajouter, du reste, qu'un esprit essentiellement libéral vivifie cette vaste exposition des connaissances humaines et se fait sentir, pour ainsi dire, à toutes les pages. Il en résulte un *caractère d'unité* qui se rencontre bien rarement dans les publications de ce genre. Ce ne sera pas un des moindres mérites de l'auteur du *Dictionnaire universel* d'avoir su diriger ainsi vers un même but les hommes de savoir et de talent qu'il a associés à son œuvre.

» M. Larousse a donné à la fin de sa Préface la liste de ces travailleurs intelligents et il a mentionné d'une façon toute particulière M. F^s *Pillon*, son collaborateur pour les sciences philosophiques et sociales. (J'ajouterai ici aux indications données par l'*Indépendance belge*, de Bruxelles, dans son numéro supplément du 18 mars 1866, celle qu'il y a sur M. François-Thomas *Pillon*, né à Fontaines, dans le Département de l'Yonne, en 1830, une notice biographique dans ce *Dictionnaire universel*, publiée en octobre 1874, dans le tome 12, Fascicules 389-390, page 1015). Les articles sur les arts (continue l'*Indépendance belge*), auxquels a concouru M. Marius Channelin, l'auteur des *Trésors d'art de la Provence* et le collaborateur de l'*Histoire des peintres*, nous ont spécialement intéressé. Beaucoup d'autres articles nous ont paru très-remarquables, par exemple Artevelde, Aspasie, Association, Astrologie, Athènes, Attraction, etc. Qu'il s'agisse d'histoire, de sciences naturelles, d'art et de littérature, d'économie politique ou de philosophie, partout circule dans cette *Encyclopédie* PHÉNOMÉNALE une inspiration toute moderne et vraiment indépendante. »

---

12. — Après cette notice analytique de Mr S. N. dans *l'Indépendance belge* du 18 mars 1866, — notice si consciencieusement et si impartialement rédigée, et qui est, peut-être, la meilleure qu'on aît écrite sur le *Grand Dictionnaire* de M. Larousse, *l'Indépendance belge* dit encore dans le numéro 306, du 2-3 novembre 1868, p. 2, col. 1 :

« Le troisième volume du *Grand Dictionnaire* de M. Pierre Larousse vient d'être mis en vente. Ce troisième volume est le premier tome de la lettre C, qui à elle seule n'en comprendra pas moins de trois, on annonce l'apparition du quatrième volume pour le 1er avril 1869 au plus tard. Ainsi marche A PAS DE GÉANT, on peut le dire, cette *Encyclopédie du dix-neuvième siècle*, qui fait L'ADMIRATION DU MONDE LITTÉRAIRE ET SAVANT ; d'ici à cinq années l'ouvrage sera entièrement terminé. Il comprendra *plus de quinze volumes*, équivalant à 600 volumes in-8° de 500 ou 600 pages chacun. »

---

13. — Un épisode des plus mémorables pour moi, des plus précieux à mes souvenirs, dans ma longue vie, est celui du lundi, 7 décembre 1868, à Paris. Ce jour je fis ma première visite à M. Larousse. Il me fit un accueil bienveillant et cordial, et me montra toute cette masse prodigieuse de matériaux qu'il avait préparés pendant vingt ans pour réaliser l'entreprise colossale de son Encyclopédie. Nous causâmes longuement de son travail qu'il continuait avec une ardeur, une persévérance

infatigables et qui était déjà fort avancé alors. Je lui dis que j'en étais dans une admiration inexprimable. Je me rappelle que je me sentis heureux d'avoir fait sa connaissance personnelle et de me trouver en présence d'une intelligence si remarquable, si active, si judicieuse, si savante, dont la France, depuis la publication du *Grand Dictionnaire universel du dix-neuvième siècle,* 1864-1875, doit être fière et glorieuse.

J'allais écrire à M. Larousse, lui annoncer mon arrivée à Paris vers le mois de mars 1875 et ma prochaine visite chez lui avec mon petit recueil de Notices analytiques sur son Encyclopédie, recueillies pendant dix ans ; je me préparais à l'acclamer, vers la fin de cette année 1875, en lui appliquant l'exclamation du poète latin « EXEGI MONUMENTUM » et en lui disant que nous tous, présents à Paris, les admirateurs de ses travaux, nous nous disposions à célébrer triomphalement le jour, si glorieux pour lui, de l'apparition de son *dernier* volume déjà presqu'à la veille d'être publié ; je rêvais à faire tout cela..., — lorsque je fus affecté d'un vif saisissement de chagrin en apprenant ici, subitement, le 8 janvier 1875, la douloureuse nouvelle, que cette noble et digne existence venait de s'éteindre ! Et maintenant j'ai dû remplir le triste devoir d'ajouter, à ce recueil, des Notices *nécrologiques !*

14.— Dans le *Dictionnaire universel des Contemporains,* de M. Vapereau, quatrième édition, avril 1870, grand in-8°, p. 1059, col. 2, il y a une notice,— de 28 lignes, — sur M. Pierre Larousse. On est surpris de ne lire dans l'estimable et intéressant ouvrage de M. Vapereau que le titre du *Grand Dictionnaire universel du dix-*

neuvième-siècle, et de ne pas y trouver une appréciation de cette Encyclopédie qualifiée avec tant de raison et de justice, de « *phénoménale,* » de « *prodigieuse,* » par tous les publicistes compétents, en France et dans tous les Pays.

Troisième Article.

15. — En 1872, M. Larousse avait fait publier sur la marche de son Encyclopédie déjà très avancée alors, un Avis dans les Journaux de France et de Suisse que j'enregistre ici plus loin (article 16) et que je fais précéder de la RÉPONSE que M. Larousse jugea, avec raison, indispensable d'écrire au journal *le Temps*, et qu'il adressa, *imprimée,* aux nombreux souscripteurs de son *Grand Dictionnaire universel.*

L'aurait-on jamais pu croire ! Un incident regrettable et inattendu avait surgi ; on vit paraître une critique, malveillante et injuste, là, d'où l'on devait l'attendre le moins. *Le Temps* est un journal estimable, rédigé avec dignité et talent, jouissant, depuis des années, de la considération générale et méritée, en possession de la faveur d'une nombreuse clientelle d'abonnés et de lecteurs. Et c'est de ce côté, tout-à-fait inattendu, ainsi que M. Larousse l'a fait observer dans sa *Réponse,* que lui vint une surprise, qui dût, tout naturellement, l'étonner et l'affecter péniblement.

Un cas semblable de polémique est tellement exceptionnel, qu'il est du devoir de tout chroniqueur littéraire de le consigner dans ses annales bibliographiques. La majorité des souscripteurs et des lecteurs du *Grand Dictionnaire universel* aura, on doit le croire, jugé sans hésitation que la justice et la vérité étaient du côté de M. Larousse. Le journal *le Temps* lui-même semble l'avoir jugé ainsi dans un article rectificatif du Rédacteur en chef, M. Nefftzer, article que je regrette de ne pas pouvoir, dans ce moment, insérer ici, n'ayant pas ce numéro du *Temps* sous la main.

Si je parviens à en obtenir l'envoi de Paris, je me ferai un vrai plaisir de l'insérer ici.

Voici l'énergique, l'incisive, l'irréfutable *Réponse* de M. Larousse, *imprimée* sur une petite feuille de quatre pages in-8°, et communiquée à tous ses souscripteurs :

» Réponse

» à un article signé Ed. Scherer, qui vient de paraître » dans les colonnes du *Temps.*

» A Monsieur le Rédacteur en chef du journal *le Temps.*

» Le *Grand Dictionnaire universel du XIXe siècle,* dont je suis l'auteur et l'éditeur, s'attend à soulever contre lui bien des passions, bien des violences, car, rédigé dans un esprit de complète indépendance, il froissera sans doute quelques amours propres et heurtera beaucoup d'opinions que le libéralisme intellectuel de notre époque n'est point encore parvenu à déraciner (12). Toutefois, s'il est un adversaire que je *ne m'attendais pas à rencontrer*

---

(12) Parfaitement vrai et juste. Le mot *libéralisme,* tout comme celui de *libéral,* est usé et par conséquent sans portée. (*Voy.* ci-dessus la note 4, à l'article 1er). Ce sont des termes dont on abuse hypocritement, dont on fait une vaine parade, et dont, à mon avis, on devrait abandonner l'emploi. On peut leur appliquer ces deux vers de Lafontaine, devenus proverbes :

« Rien n'est *plus commun* que ces mots,
» Rien n'est *plus rare* que la chose. »